바람의 길

시산맥 기획시선 069

바람의 길
시산맥 기획시선 069

———————————

초판 1쇄 발행 | 2021년 04월 08일

지 은 이 | 권혁찬
펴 낸 이 | 문정영
펴 낸 곳 | 시산맥사
편집주간 | 김필영
편집위원 | 오현정 강수 정선
등록번호 | 제300-2013-12호
등록일자 | 2009년 4월 15일
주   소 | 03131 서울특별시 종로구 율곡로 6길 36.
          월드오피스텔 1102호
전   화 | 02-764-8722, 010-8894-8722
전자우편 | poemmtss@hanmail.net
시산맥카페 | http://cafe.daum.net/poemmtss

ISBN 979-11-6243-169-6 03810

값 10,000원

* 이 책은 전부 또는 일부 내용을 재사용하려면 반드시 저작권자와 시산맥
  사의 동의를 받아야 합니다.

* 이 책은 교보문고와 연계하여 전자북으로 발간되었습니다.

* 이 책은 2021년도 평택문인협회 창작지원금 일부를 받아 발간되었습니다.

바람의 길

권혁찬 시집

* 본문 페이지에서 한 연이 첫 번째 행에서 시작될 때에는 〈 표기를 합니다.

■ 시인의 말

시간을 먹고 숙성된 세월의 잔영 같은 긴 생각들!
바람의 길 위에 새 발자국처럼 얽어 둔다.

2021년 봄

권혁찬

■ 차 례

1부 바람

바람의 길 _ 019

워낭소리 _ 020

수고양이 _ 022

저장고 _ 024

호흡 _ 026

어미 배꽃 _ 028

도배 _ 030

새털구름 위로 오는 가을 _ 032

출근 _ 034

수족관 떡붕어 _ 036

옥수수 _ 038

추억 _ 040

손금 _ 041

일기예보 _ 042

참회 _ 044

대 사랑 _ 045

장마 _ 046

소주 반병 _ 047

촛불 _ 048

사랑의 이유 _ 050

배탈 _ 051

사과赦過 _ 052

되돌이표 _ 053

가을 아침에 _ 054

올무 _ 055

열망 _ 056

욕심 _ 057

벚꽃 _ 058

폭언 _ 059

2부 시간

세월 _ 063
휴전선의 봄 _ 064
수장된 4월 _ 066
도둑 _ 067
시간 사냥 _ 068
생선 _ 070
버스정류장 벤치 _ 072
참기름 집 엄 여사 _ 074
모기장 탈출 _ 076
암호 시건施鍵 _ 078
새벽 외출 _ 080
매화 앞에 고백한다 _ 082
모종을 고르며 _ 084
박신剝身공양 _ 086
방죽 둑 회상 _ 088
도가니탕과 소주 _ 090
조팝꽃 향기 _ 091

3부 세월

浦口로 간 기차 _ 095

심심해 _ 096

가방과 남자 _ 097

고추잠자리 _ 098

8월의 번식繁殖 _ 100

거울속의 물고기 _ 102

가지치기 _ 104

관솔 목부작木附作 _ 106

장승포 갈매기 _ 108

겨울 밤 _ 110

가을 하늘 _ 112

4월 _ 113

노래하는 주전자 _ 114

기다림 _ 116

■ 해설 | 유정이(시인, 문학박사) _ 119

1부

바람

바람의 길

바람의 씨앗
그대 품
빈 곳에 심어주오
행여 꽃잎 하나 피거들랑
좁은 자리 내게 주오

어설픈 미소로
어느 가을 빈자리를 채우다가
작은 바람소리에 떠밀려
깡마른 수수깡처럼 부스러질
건초 같은 인생길
바람의 길

워낭소리
- 지문리의 봄

그리고 5월, 다시 들판에 서 있다
수입소와 광우병 사이에서 네 발 가진 모든 먹구름들은
그 후로도 오랫동안 더 식음을 전폐했고
제 스스로
물러날 수 없는 것들은 모두가 적막 속에서 기울어 갔다
봄이 오고 마을은 또다시 잠에서 깨어났지만
동네 미루나무와 낡고 위태로운 한우 우사는 두문불출 중이고
오래전 기억상실증을 따라간 후 돌아오지 않는 최씨와
들판에 뿌리박힌 것들은 모두 몇 개의 이정표가 되었을 뿐
더는 이곳의 아침을 몇 줌 태양처럼 깨워주지는 못한다
저녁이면 싸리문 안쪽으로 네 발로 귀가하던 푸른 워낭소리,
그랬다

마을은 한때, 보습의 날들이 주인이던 때가 있었다
사람들의 배고픔을 수선해 주던 농기구들과
그들의 덜컹거리는 꿈들을 운반해 주던 고샅길들과
아침이면 부스럭, 건너오던 울타리 저쪽의 뜨끈한 안부가 있었다

한동안 뜸했던 문안을 챙겨 도시 저쪽에서 고향마을로 들어서는데,
뒷산 아카시아가 밥물처럼 허옇게 끓고 있다
인기척은 모두 짐을 싸고 앙상한 축사들
오래전, 내 유년의 머리맡을 부풀리던 농경의 울음들은
모두 누가 치워 버렸을까

수고양이

언제부턴가, 밤이면
내 지난날들의 무용담은 쉽게 무너졌고
내가 집착해야 할 몇 개의 암컷도 길을 잃고 서성였지요
다만, 몇 근 졸음의 중량으로 저울질되기 시작했습니다

밤을 쫓던 내 날렵한 수염들은 느려졌고
늘 그렇듯 밤 골목엔
식물성으로 둔갑한 어둠 몇 마리 어슬렁거릴 뿐입니다
화살처럼 쫓던 시절과 어느 늦은 야생의 표정들
이젠 성급히 체념해야 할 목록들일 뿐입니다
혈통이란 이젠 거추장스러운 내 발톱처럼 묘연 합니다
단지 도시의 청결을 위해서 라는 이유로 귀결될
어느 삼류 정치가의 말버릇 같습니다

오늘 밤,
도시의 후미진 골목 그 끝을 따라가 보면
누군가, 잠적이란 가죽 하나 벗어 놓고

모습을 감출 것 같은 예감이 우글거립니다
　그리고
　오후 저쪽의 담장 밑엔, 그 잠적으로부터 몸을 말리고 있는
　수고양이 몇,
　중성의 눈빛으로 졸음만 핥아대고 있습니다

저장고

삽날을 베어 먹은 공터 한켠이 들춰진다
단단한 지표면이 순간의 삽질에 풀려나고
오래된 아집들이 잘게 잘려져 한 삽씩 떠 올려진다
이제 머지않아 이 속엔 또 다른 생태계가 들어찰 것이다
이 속으로 함구 될 세월 저쪽의 사연들은 나와 구면이다
나도 한때는 주유소 한켠에서 잘 삭은 유전이었다
그리고 지금의 나는 당분간 버스회사의 직원이다
전화기 속으로 연실 드나드는 석유회사들
공터 저편에서 나를 부르는 몇 개의 질문과 도면들
공사를 한다는 것은 일상의 청구서 하나 허무는 일이다
잘 풀리지 않는 근심의 모서리를 찾는 일이며
아직 완공되지 못한 내 안의 희망 한 채 건축하는 일이며
그 일상의 머리맡에 내 노모의 알약도 장만하는 일이다
그리고 우리는 알게 된다

몇 개의 냉기도
이곳을 통과하면 모두가 잘 덥혀진 추억이 될 수 있음을

땀에 젖은 인부 하나 몇 발자국 뒤로 물러나며
한 개비의 호흡을 피워 날린다
그의 이마 위에서 겨울 햇살이 잠시 허리를 편다

호흡

호흡이란
허공 한 조각 헐어내는 의식이다
탯줄로 오라 된 반항들이 도려낸
하늘이 구름 아래로 임하여
한 올 시름으로 흥정이 동여매 질 때마다
매듭처럼 부르트는 꽈리 조각들을 헤아리는 것이다
바람의 모서리에
무서리로 흩어지는 질풍들
너덜한 이념들과 내통하는 것이다
청량한 삶 한 모금
흥건히 흘려 넣지 못한
취기만큼의 살을 저미는 것이다

아버지의 호흡은
암울했던 유년의 탁한 흡연이다
삶의 용서를 객혈처럼 뱉어내다가
헤진 폐 한 조각을 내려놓고서야
낙엽 소리만큼의 호흡을 완성했다
호흡이란

농익은 폐암 덩어리 하나로 저울질 당한다

어느 봄날
이순 자식의 허기진 일기장보다
더 비릿한 시간들을 수선하여
숙성된 바람들로 날게 하는
아버지의 호흡은
나의 초록빛 흡연이다

어미 배꽃

처음엔 그렇지 않았다!
나도, 뉘도, 모양도 영 글렀었다
정말!
알지 못했다
내 속살도 미처 몰랐다
그일 닮은 줄을

전지 칼에 삿 가지 잘려
허연 이를 드러내며 나자빠질 때도
그저 웃었다

배알 없는 면소로 화장을 하실 때도
정말 알지 못했었다
알알이 손끝으로
자식인 양 되 빗으려 어루만지셔
종이옷 입히시려던 어머니의 그 속을
이렇게 희어지기 전까진
도대체 어려웠다
〈

한 생살이가 쓸리고 밀리어
고운 자리 누이실 때
흰 이 드러 내오시던
내 어머니
허리춤에 긴 회초리
마디마다 웃음 삼아
배꽃처럼 자식 찾네!

도배

웃음 자국과 슬픈 얼룩의 역사가 은닉되는 시간
숨 가빴던 유년의 설렘으로 점철된 부분의 흔적을 덮어 버릴 때는
마음 한켠이 풀처럼 끈적인다
너울너울 그려 넘던 학창의 부푼 언저리를 지워 버릴 때
여드름처럼 부풀었던 보푸라기 감정들이 한꺼번에 잠수하듯 수런거린다
막내 녀석 코흘리개 울음소리부터
어머니의 기침소리 아버지의 근심과 함께 숨던 헛기침소리
문 틈새로 스며들던 외양간 어미 소의 긴 한숨소리마저
얇은 벽지 한 장을 사이에 두고 숨어들고 있는 작은 방 공기들이
잃어버린 과거처럼 풀냄새로 알싸하다
도배처럼 묻을 수 없는 지나간 이력들만 골라
쓰고 남은 벽지 속에 한 줌 구겨 들고 과거의 매립을 마친다

〈
도배 같은 미명 아래 현실을 뒤쓴 군상들의 기만도
거죽만 가린 질시와 증오의 가면도
벽지 한 장으로 가릴 수 없음을 알면서도
끝없이 이어지는 난전의 우매함들을
도배지를 매 무르는 도배장의 삭도로 도려내
풀 바른 하얀 가면 속으로 함께 숨기자
지난날들의 하얀 양심들로 풀을 바른 벽지처럼
평평한 시간들이 수분을 바꿔치고 팽팽해지듯이

새털구름 위로 오는 가을

달리는 차창을 뚫고 몇 조각 쪽빛들이 새어 든다
높이 나는 새털구름들 사이로 숨었던 태양은
아프게 몽우리 진 코스모스 옆을 달릴 때쯤이면
빼꼼히 얼굴을 내밀고는 무어라 한참을 속삭이다가
얼굴만 한 조각구름을 당겨 다시 숨기를 반복한다
얼마나 달렸을까
땀내 나는 날들을 뒤로하고 장마의 끝자락을 찾아 달음질하길 몇 날이었던가
  해가 점점 기울면서 새털구름들은 흰 가운을 벗고
  단풍 빛 드레스로 갈아입고는 둥글게 모여 앉는다

  그렇구나!
  열기가 내려앉고 코스모스 줄기 위로 노을빛만 가득한 서쪽하늘을 마주하고 나서야
  태양이 하던 말의 의미를 알아챈다
  가을이 오고 있단 속삭임이었다는 것을 그가 내려앉고 난 후에야 알 수 있는 난
  하늘 높이 눈길을 치켜 올려 가을이라고 커다랗게 그려 본다

발아래부터 물들기 시작하는 내게도 가을 냄새가 배어 가고 있다
어깨를 움츠려 짧은 진저리를 치며 차창을 여민다

출근

주머니를 나온 시계소리가 귀에 붙는 새벽
지난 밤 시름을 덮고 잔 피곤들을 흔들어 깨운다
통근버스 경적이 출발선에 엎드린 나를 밀어
간밤 먹다 남긴 야식처럼 헤식은 사무실 문턱에 던져진 출근
오늘 내다 팔 하루치의 공기를 깊이들이 마시며
진한 커피 향처럼 사뿐히 자리를 틀고
전화벨 속으로 몸을 던진다
나를 사시오!
무겁고 싱싱한 오늘을 사시오!
공식적 출근이 완성되었다

무성했던 시간들이 등이 굽어지고
노을 아래 태양을 따라 그림자가 길어지면
퇴근을 위한 성당의 종소리로
군상들의 저녁 미사를 위한 성찬이 마련될 것이다
퇴근을 이루기 위한 의식이 치러지고
밤새 거리를 할퀴고 나면
한동안 새벽은 멀어질 것이다

〈
한 번의 출근과
한 번의 퇴근으로
인생의 한 굴레도 긴 새벽을 맞이할 것이다
또 한 번의 출근을 향해 오늘 퇴근을 준비하는 건
또 다른 퇴근을 위한 영생의 출근
오후 사무실 문을 굳게 잠그는 노 철학사의 퇴근 속에는
무수한 사주팔자들이 새로운 출근을 비틀어 깨우듯
얼마 남지 않은 시간들을
불사르고 있는 것이다

수족관 떡붕어

사각의 고요한 링 속을
나비처럼 날던 열대어들 뒤
떡붕어 한 마리 말을 멈추고 서 있다
한정된 분량의 물방울들을 나눠 안고 호흡을 고르고 있다
아버지 담배 한 대 피워 물 듯
뻐끔 한 모금 헤아려보고 하늘 향해
눈 한 번 껌벅이면 아버지음성 들린다
제 몫만큼의 아름으로 세상 바람 피워 물 듯
욕심내지 않은 아가미 짓 아버지의 미소를 닮고
적절히 휘젓는 지느러미 짓
박사 고깔 노승老僧의 춤사위 같다

수족관 미로조차 헤아리지 못한 떡붕어의 일대기
두 팔 길이만큼의 아버지세상과 너무 닮았다
융통머리 없는 사각이라는 세상조차 알지 못하고
순리대로 내려앉는 부력처럼
사뿐히 내려앉으신
저 나라 내 아버지

떡붕어 몸짓처럼
내 눈 속을 유영한다

옥수수

길게 앉은 생각들이 분주히 부스럭거리며
이를 절반만 가린 채 시끄럽게 웃는다
배냇니 옹알이처럼 앙증스럽거나
두어 개쯤 비어도 좋을 만큼 미운 일곱 살처럼 웃기도 한다
초등학교를 졸업할 때 멋모르고 히죽이다
중학 진학 못 한다는 청천벽력에
흘러내리던 눈물같이 찐득거리며 울다가
천신만고 끝 깎아진 떠꺼머리에 걸쳐진 교복을 보고 울며 웃듯 해죽거린다
진학 고비마다 보릿고개 비틀어 넘듯
우여곡절로 울어 넘던 울렁증을 참아
오롯이 들어찬 이력서의 빈칸을 적어 넣던 날
남몰래 숨어 웃듯 껍질 속에서 너처럼 웃어 본 적 있다
여름이 기울어 수염마저 희끗해 진 반백의 일기장 속
숨어 있던 흑백사진처럼 추억들이 웃고 있다

살점을 내어주고도
포만의 전율에 몸부림쳐 웃고

목련처럼 드러누운 앙상한 우윳빛 껍질을 들쓰고 있는
너의 수염을 쓰다듬으면 절로 웃음이 난다
한 알씩 빠져나가듯 잃어버린 시간들처럼
깡마른 초췌함이 하늘 향해 회상하듯
추억처럼 덜어져 간 옥수수 알갱이들을 염주 삼아 헤아리며
긴 겨울 동안 묵묵히 밭 언저리를 지킬
빈 옥수수 대궁처럼
저녁노을만 자꾸 바라본다

추억

추녀를 잡고 있다 떨어진 낙숫물처럼
애잔하게 부서지는 상흔들
언 꽃잎 부러지는 비명 같은 알싸한 이별들
정강이 걷고 건너던 개울 저편 진달래 빛처럼
벌겋게 뜨거웠던 시선들
커튼처럼 매달린 안개 뒤로 돌아앉은 새벽길
이정표 없는 시간을 따라
하염없이 기울어져 간 세월이
가슴속 한번 들러
여명처럼 서서히 흐려지며
영화 속 어느 풍경처럼 자꾸 흘러간다
바람이 움직이는 그늘 속으로

손금

생의 틈새마다
피어나는 주름들
가느다란 인생 여정의 굽이마다
오롯이 굽어드는 애증
길고 짧음보다
곡절의 각도가 알려주는 이정표를 따라
제멋대로 옮겨 심어진 들꽃처럼
운명의 갓길에서 노을만 예찬하는 오후

양손이 마주 앉아도 역정이 다른
과거의 필연한 불일치처럼
서로 다른 주름들이 돌아앉는다
미소와 분노가 그러하듯
손바닥 표정 속 여전히 산란한
굴곡의 여정들이다

일기 예보

예고 없이 떨어지는 빗방울이 밉다
예치 못 한 선몽이라서 그러랴
예보 없던 천둥은 말이 짧아지고
서두르는 걸음들이 허둥대는 동안
떠밀려 피는 꽃들의 탄성만
한 옥타브 위 음역을 흔들고 있다
아프단 건지
기쁘단 건지
소리 없는 눈물처럼 젖은 구름들만
소문처럼 서둘러 포개진다

이마에 비를 안고
채근해온 걸음들이
갓난아이 울음소리 만개한
분만실 앞에 서 있다
이번 비에
한 송이 꽃이 피었나보다
엄마 대한민국 꽃밭 순희
꽃 행복이

예보 없이 떨어지던 빗방울과
내통이 있었을까
비가 그친 걸 보니
내일은 해가 뜨겁겠지

참회 慙悔

간지럽다

정말
간지럽다

되게
간지럽다

거기가 제일 간지럽다

낯짝

대 사랑

봄옷 벗기는
푸른 개구리 하품 같은
풋 선 기지개로
길쭉한 것 말곤 생각이 더디다
푸르다는 것 말곤 온통 비리다
비어 있는 이유로 목이 마르다
올지게 들여 채우지 못한
빈 대궁처럼 허하다

빈 날들 다독여 채워 넣을
씨 없는 시간들만 빼곡한 공복
헛헛한 기침으로 허세 한번 부리곤
긴 생각들을 사려 담고 있다
아주 오래전부터
저렇게 길어졌던 욕구는
빈 공복을 마름질할 대나무 내공처럼
비어 있는 듯 오롯한
대 사랑이었을까
〈

장마

지난밤을 고비로 완숙된 여름
물기 한 줌 뚝 뚝 흘리며 서성거릴
홍수의 예고처럼 축축하다
꾸다 만 선 꿈같은 화상들이 겹쳐 지나듯
복잡했던 생각들이 젖어 드는 오후
무거웠던 근심들이 와르르 무너져 내린다
검붉은 상념의 찌꺼기를 걸러낸
여름의 피
다가올 가을을 투석하듯 여름을 걸러
진한 더위의 머리채를 움켜쥐고
밀려 나가고 있다

좁은 통로를 지나 다급해진 상심들을
주섬주섬 실어 나르며
시간이 다치지 않을 만큼의 속도로
이 여름의 배설을 부추기고 있다
더부룩했던 아랫배를 쓰다듬으며
폭염의 잔해들을 주르르
쏟아내고 돌아선다

소주 반병

뒷짐 쥐어 든
소주 반병 무게보다
지나온 인생의 중량이
가벼운 저 노인아!
남은 무게 어디 있더냐

던져지는 걸음 위에 몸을 얹어
허리조차 어설픈 일상이여
석양마저 화려한 오후
술 익는 순간마다
숨비소리처럼
바람이 샌다

노인이라니
나인 줄 새삼 안 듯
헛기침으로 외면하며
가을 들판의 정 애비를 닮았던
남정네의 굵은 뼈는
소주 반병 무게의
아버지 팔뚝이었네

촛불

태초에
사람보다 앞서 빗장을 걸고
뜨거움으로 농축된 천사의 응어리여
움직일 듯 멈춘 몸짓 실낱같이 모질어
벼랑에서도 꽃으로 살라 오르고
때론 어머니가 반짓고리 옆에서
구멍 난 나일론 양말 뒤에 숨어 우실 때
헤식은 눈물로
어머니의 한을
함께 태웠으리

그리움으로 끓어올라
춤사위로 풀쩍거릴 때
눈물로 빚은 심지 위로
영혼과 교신 중인
뜨거운 피의 수증기로
적삼 자락을 열 때마다
몸으로 흘러 젖어 드는 눈물소리에
화들짝 놀란 하얀 생이여

덕지덕지 고행의 어머니 인생이다
구멍 난 바람의 가슴이다

하늘 한 곳 녹아내릴 때마다
뜨겁게 죄어드는 앙가슴
하얀 몸 힘없이 졸아들어
깡마른 심지의 재 줄기만 남기고
그림자 아래로 허물린
하늘과 가장 낮게 접신된
무념의 수증기로
다시 어머니의 밤을 태우고 있다

사랑의 이유

사랑하니까 사랑해야 한다는
때 지난 아쉬움이 과정이 된 것처럼
오직 사랑 속에 사랑이 있어
고된 시간으로 데워져야 행복할 사랑의 명목 앞에
끝을 바친 노부의 편 사랑을 헛 사랑으로 매도하지 마라
아직 사랑을 모르는 날 함부로 엮지 마라
사랑에 노예가 된 나를 함부로 훔치지 마라
오히려 죽도록 사랑할
이유가 될 것이다

배탈

향기 고약한
어제의 일들

애초에 외면당한
역한 그리움

알싸한 시련으로 급조된
구겨진 일탈

사과赦過

너의 시련이
내게 힘인 걸 알아차린 순간부터
난 비통에 잠수한다
작은 상처에도 잠 못 드는
너의 그림자를 밟고
여러 번 열고 닫힌 차창 밖 세상 속에
내 차지의 존 유가 너의 시련보다 컸음을
미안이란 꿈의 가면으로
검은 잠 뒤에 감추자니
긴 잠이 성치 않다

되돌이표

솔 앞에 놓지 마라
후반의 모호함이다
부딪히는 생각의 무게는
엇박자로 시작하지
미 전에 돌려 시 앞을 선회하라

사랑은 음악처럼
끝이 없어야 함에
함부로 되돌리지 마라
사랑의 계이름을
함부로 높이지 마라
스스로 오르는 것을
방해할지 모른다

사랑의 음계는
절대적인 것
이유 없이 되돌리지 마라
그에게 노예가 될 것을
철저히 모르면서

가을 아침에

밤을 새워 불을 밝힌 것이
겨우 잠을 청하기 위함이었던가
심지 없는 등불처럼
바람 속을 기웃거리다
나비처럼 날아드는 허상들을 따라
눈을 흘긴 적 몇 해던가
비상을 노리던 날개들은
이슬에 젖어 몸조차 가누지 못하는
주인을 쓸어안고 일어서네
마른자릴 골라 디디다
짚신발로 돌부리를 걷어찬 듯
소스라쳐 움츠린다
어제까지 논이었던
싸늘한 콘크리트 위에서
가을 아침에

올무

아무리 움츠려도
아무리 구겨도
내 주머니 속으론 들어가질 않네
납작하게 으스러진 어제를 움켜쥐고
놓지 못한다

꽈리고추 같은 생각들만
혓바닥을 갉아 먹는데
배냇짓처럼
눈두덩만 찡그렸다 펴는 미소
다리 개고 앉은 누렁이도 하련마는
개의 탈을 쓴 인간만이
짖지도 울지도 발광도 못 하고
부지깽이처럼 타들어 간
검은 혀를 돌려 하늘 탓만 하고 있네
사람이 만든 올무를
양손으로 거머쥔 채

열망 熱望

마음의 흐름은 시간적 본능 때문이다
눈물이 흐르는 건 마음의 욕구를 삭이기 위해서다
시간이 흐르는 건 음률을 위해 쏟아지는 별들의 열망이다
몸속이 흐르는 건 사랑의 화염을 태워
뜨겁게 끓어오르는 그대 가슴에 물방울로 남기 위해
수증기처럼 구름 옆을 헤매는 실바람이었다
콩잎 익히는 가을바람 언저리를 기웃거리다
이내 몸이 후끈 달아올랐다

욕심

꿀꺽
이미 삼켜버린
적당히 거칠어
상한 야수의 먹이 같은
허영의 겉옷을
벗어 들고
헛 주문을 외고 있는
그물처럼 숭숭한
허기

벚꽃

도로가 밤새 몽정을 한다
암흑의 적군 같았던 현란한 백색의 공포가
뭉글 뭉글 생명의 향기들을 털어내듯
가지마다 진저리로
봄의 첫 자락을 치장하며
아침 햇살을 조롱하고 있다

수채화가 농락당하듯
여지없이 하얀 무언의 검은 도로가
꽃바람에 납치된 채
허리를 비틀며 끌려가듯 굽신거린다
일찍이 내려놓지 못한 아집 같은 짙은 야심이
마음의 상처가 된 듯
부르르 경련하며
원 없이 사정해버린
하얀 생기들의 호흡을
애써 조절하고 있는 아침 길가에
하얗게 질려 나자빠진
지난 시간들을
호호 불고 있다

폭언

너 울지 마라 했다
온갖 변명을 동원해
울고자 했으나
실패했다
그 말이 옳았다
거짓말을 무기처럼
울음의 도구로 쓰려 했던
가식이 이유의 전부였다

잔비가 잦아들면 밭으로 나가시던
아버지의 발채 아래엔
허드렛일 같은 것들이었지만
뽀족하게 마음 쓰렸던 매캐한 기억이
폭언처럼 나를 찌른다

2부

시간

세월

기울어진 풍랑의 세월이 고요해지도록
절반의 숨을 묶어본다
시간의 호흡이 가빠질까 봐
울컥거리던 눈물의 농도가 자꾸 짙어져
염장된 생각을 쓸어 묻어야 하는
주인 없는 책망들만 후후 뿜어 대는데

부활은 신의 것
세월은 바람의 것
사람의 것은 모두 가라앉아 두문불출

세월을 원망하랴
세월을 한탄하랴
아무리 하소연해도 가는 세월
생각 없이 돌고 있는 시곗바늘이
계절 언서리에서 터덜거린다

휴전선의 봄

이제야 왔다는데
후끈 달아버린
군화 발자국 아래로
어리서리 뭉쳤던 세월들
버들처럼 길게 수염을 달고
휴전선 이편 저쪽 너머에도
소속 없는 봄

아는데 모르는 듯
슬며시 비껴가는 저 바람은
피식 웃으며 사람들을 흘긴다
겨울,
겨울,
겨울,
그리고 봄

또 봄을 기다리는
시간과 바람들이
춤을 추듯 문지방을

넘나들고 있다

* 남북 정상회담을 보면서.

수장된 4월

초대형 크레인을 임대해
4월 달력 한 장을 들어 올린다
능선의 기점에서 다시 돌아 설까 봐
손톱으로 톡 튀겼다
드디어 한 달이 사라졌다
참 무거운 달이었다
손톱으로 튀겨도 넘어갈 거면서
오라질 놈의 4월!
그렇게 갈 거면서
세월 따라
멀리 사라져라
훠이 훠이~

도둑

터져버린
하얀 웃음들을 어찌하랴
어둠을 걸쳐 입고
울분으로 견뎌온 긴 겨울
새하얀 몽상들만 품었다가
산등성이 구렁텅이 상관없이
웃음처럼 토해버린 꽃 멀미를
살짝 훔쳐다가
하얗게 뿌려놓은
이 봄은
도둑이다

시간 사냥

모호함이 울컥거리는
오후의 곁투리에서
낯선 방언들을 주워 모으듯
숨 가쁜 자맥질로 귀결될
뻔한 수작들로
한 뼘밖에 남지 않은
바람을 압축한다

공기가 바람이 되고
바람이 시간이 되고
시간이 세월이 되고
세월은 인생을 유인하고

공기 한 줌
바람 한 폭
세월 한 조각
호흡으로 분장한
얄팍한 상술 같은 시간
구걸이 능사인지

사냥이 해법인지
계산하는 동안
허름하게 비워진 만큼
시간만 약탈당했다

생선

굴절된 내장 사이에서
비릿한 바다향이 쏟아진다
투명의 산란에서 유색의 지느러미가 돋아나고
먼 바다를 생각하는 입 근처의 주름들이
아가미를 시켜 말을 건다

나는 생선이련만 넌 무엇의 환생이냐
묻고 있는 눈가에 거친 세월의 주름처럼
비늘들이 서걱 이는 밤바다
오후 내내 물낯이 일그러진 이유를 알 리 없는데도
수심 낮은 데로 골라 골라 부력을 낮추는
생선 같은 나
비릿함이 무기처럼 고약한 향기를 길게 내 버리며
짧은 숨을 길게 들이 마신다

포유류 생선처럼 홀쭉해진 어깨를 넓혀
부력을 높이려 아가미를 빠끔거린다
생선 같은 사람의 말로
뿌연 먼지 속을 유영하듯 지껄이며

텀벙거린다
비틀거린다
길 잃은 생선처럼
허우적거린다

버스정류장 벤치

처음부터 주인이 아니던 마른 잎 한 무리가
바람을 불러 타고 먼저 자리를 비웠는가 보다
틈에 끼인 채 설익은 잎새 하나 남아 있는 걸 보면
푸석한 도포자락을 슬쩍 들어
노인 하나 길 떠날 채비를 하며
한쪽 끝으로 힘겹게 걸터앉아
구겨진 낙엽 냄새를 맡는다

이 가을 낙엽처럼 가는 이 길
버스를 기다리는 건지 종점을 지키는 건지
모호한 시간이 버석버석 움직이고 있을 때
먼지 없는 신작로 저만치
지팡이 하나에 몸을 맡긴
그림자 같은 걸음이
버스 지난 먼지 속에서 나타난다

지나간 일상이 흘려둔 이야기로
내일도 또 다른 그림자가 먼지를 피우듯 지나겠지
구겨진 종이처럼 틈에 끼인 낙엽이 놀라지 않을까

조심스레 노을 속으로 중절모를 눌러쓰고
그림자를 따라 점점 작아지는 노인의 지팡이 길이처럼
하루해가 점점 짧아지는 정류장 벤치 한 자락을
손수건을 꺼내들고 과거를 지우듯
쓱 쓱 문질러 본다

참기름 집 엄 여사

아침이 이른 날은
공기를 가르는 속도가 빠르다
서둘러 공장 문을 풀면
간밤 시름 섞인 어둠이 몸을 풀듯
햇살을 맞아 체온을 올린다
창살 너머로 기웃거리는 바람만큼의
매캐한 연기가 자욱해지면
지나온 세월 같은 끈끈함이 향기를 내뿜으며
모질게 참아내던 설궂은 눈물 같은 액체들이
지난 상처들을 감싸듯 더디게 흘러내린다
몸속 진액 같은 참기름 향기가 어깨를 감싸 안으면
애써 외면하듯 콧등 한번 쓸어내리며 겨우 허리를
편다

삶의 무게보다 육중한 적막이 녹아내릴 때마다
어린 자식들의 철없던 투정들이 과거 속으로 기억을
감추듯
바깥 창 너머 긴 햇살 한 가닥 슬며시 바라보곤
눌어붙은 깨알 같은 기억들을 서둘러 뒤적인다

〈
세월과 맞바꿔 고소한 향기 같은
참기름 집 엄 여사
아직 녹아내리지 못한 깨알 속 기름기처럼
촉촉한 내일을 연일 볶아대고 있다
절어 붙은 깻묵 하나를 툭 건드려 보고는
지나간 세월의 각질을 저미듯
긴 시름들을 고소하게 걸러 내고 있다

모기장 탈출

이곳에 들기란 참으로 난해하여
지혜로만 잠입이 허락되는 영역
할머니의 법칙이 이곳을 지배할 때쯤이면
옥수수 알갱이처럼
모기장 내면에 배열된 채로
탈출을 꿈꿀 것이다

이곳을 벗어나야 한다
댓진내로 찌든 할머니의 자장가 손아귀를
먼저 빠져나와야 한다
어둠의 그물 속에 포획된 이 밤
출구를 향한 나의 숨소리를 알아차린
할머니의 부채질이 빨라진다

뺑 쑥 향으로 지핀 모기들의 향연은
별이 높아질 때쯤 사그러지고
한줄기 긴 바람이 돌아 들고나면
모기들의 시간
오늘은 포기해야 한다

〈
나를 실어 옮기기엔 턱없이 나약한 모기장 속 바람
일찍부터 이 바람들을 손부채로 가르시고
다시 모으는 지혜를 일러주지 않으신 할머니의 숙제는
철저한 나의 몫이다
꿈을 태워 하늘이 나를 안고 달음박질을 치고 나서야
나의 숨소리는 고요해지고
할머니의 부채는 그제야 목을 떨군다
빈 대롱뿐인 주둥이로 저공비행을 상의하고 있는
모기들의 수군거림이 잦아들 때쯤에야
철저하게 포획 당했던 사실을 알게 될 것이다
탈출은 실패다
나약한 인간은 결국 햇살에 떠밀려 방출되었다

암호 시건施鍵

"척"
"버럭"
저장이 완성됐다
서른 평 남짓 곳곳에 빗장을 두르고
한 생의 곳간이
암호시건으로 포장을 마쳤다
계절들과 또 다른 체온들도
암호를 허는 의식은 무모한 짓
세월과 기억들을 암호로 사용했기 때문이다
치매로 잠식당한 아버지의 외출들이
암호들로 수런거리듯
암호 또한 치매로 신병을 앓는 중이다

밤이 곱거나
햇살이 어리석을 때에
외출을 챙기는 치매 명의의 환상들과
주인 없는 신발들의 착각된 외출처럼
소유 없는 약속들의 번식을 차단할 암호 키가
현관문 목 좋은 틈에 좌판을 튼 것은

탈출용 해독이 목적이 아니었다
생의 무게를 헤아려
괘종시계의 남은 종소리를 점쳐야 하는
시간들의 숙제였다

풀리지 않을 암호들의 외출은 난해하다
방 안 공기들의 이력을 뒤적이는 일이 용이할 것이다
몇 번의 심호흡으로 해독될 얕은 질량의 암호를
풀지 못하는 老父의 외출이
더 깊은 망각으로 농익어 갈수록
생의 암호들은 치매로 굳게 시건 당할 것이다

새벽 외출

이른 새벽
방죽가 풀 섶을 걷어질러야만
세상으로 나갈 수 있는 미로 같은 인생길을 나서기란
안개처럼 흐리다

하얀 운동화가 푸르스레하게 흥건할 쯤
아스팔트 찌푸린 얼굴이 나를 맞는다
뽀얀 신을 신고 하루를 들띄우려
가슴을 토닥이며 미끄러져 나온 아이는
물을 처음 본 소처럼 질겁을 한다

그저 아무 관계없이
"오라이" 외마디를 내지르는 어린 여 차장이
이내 터질듯 한 버스 엉덩이를 후려치면
희뿌연 먼지처럼 아련한
세상 나가기에 성공한 것이다

언제는
소 쟁기 모는 소리가 옹골차게 들릴 때

아버지의 눈을 피해 세상으로 탈출했다
탈출을 방조했던 아버지의 시야에서
영원히 벗어난 지금에서야
세상의 외출이 완성된 것을
아버지가 비켜 계시던 안개장막을 헤치다
소스라쳐 한 걸음 물러선다.
방죽 안개가 자욱한 새벽길 옆으로

매화 앞에 고백 한다

하얀 속살보다
속마음이 더 흰 매화를 보며
한 발짝 뒷걸음질을 친다
겹겹의 꽃잎들이 뒤엉기듯 요란하다
소리 없이 졸라 대는 맵시를
까까이서 보자니 애틋하여
손끝이 닿을세라 주춤 거린다
나 저리 흰 마음 있었다
물들지 못한 청초함이
가슴 깊이 묻혀 있던
인생의 봄날 있었다
지금
눈이 시리도록 하얀 매화 앞에서
적당히 그을린 초여름 얼굴빛보다
조금만 더 솔직해져
늘 봄처럼 따사한 세월을 놓고 싶지 않았던
떳떳한 고백을 네게 한다

그런데 어쩌나!

세월아 용서해다오
하얀 욕심은
사실 비겁한 양심의 고백이란다
이 모든 게 매화 때문이라고
핑계를 대고 있는
중년의 허욕이란다
무탐의 야심이라 말하지 못하고
아쉬운 시간들을 잡아두고 싶은
젊음의 탐욕이란다

모종을 고르며

어제 동면을 면한
텃밭의 기지개가
이른 새벽부터 불호령이다
해가 중천에 이르렀다고
꽃들이 내려앉아 흙 멀미를 한다고

알아들었다고
얇은 신발 골라 신고는
손을 꼽으며 모종을 고른다
열매로 귀결될 과채모종이나
뿌리로 잉태될 근채모종들이
농부의 셈을 흩트리는 봄

어림잡아 집어 들고 심다 보면 아쉬운 듯
몇 포기 더 꽂아 둘 걸 신음하며
종종걸음은 모종가게로 향한다
그래도 서운해
흠뻑 적신 흙살을 만지며
열매가 열리고 뿌리가 안을 것들을 점치고 있는

중년 농부의 마음은
아들딸이 잘되라고 기원하는
여린 가슴 그대로다
모종을 고르며
봄을 심듯
내일도 함께 심고 있다

박신剝身공양

생이 그러했던가!
삶이 물렁했던 것처럼
툭 툭 던져지는 각질 속 화석들
허공 속 찬바람 겹치듯 시름으로 환생한다
어느 한때 훌훌 벗어 던지던 상념처럼
고뇌의 오라를 풀고 해탈처럼 맑아지는
박신場 아낙들의 젖은 손이 분주할수록
바다 속 비릿함이 물씬거리던
굴들의 속살같이 하얀 겨울이 옷을 벗는다

굴 껍질 더미처럼 부풀려지는 풍문 속
겨울을 가두었던 문풍지들의 혐의가 벗겨지고
뒷집 혼사와 건너말 노름빚 소문들이
버려진 굴 껍질처럼 나뒹구는 사이
손끝을 파고들던 냉기들은
햇살을 피해 돌아앉았다

봄은 그렇게
둔탁한 겨울의 각질을 벗겨내는

늙은 박신 녀의 해탈공양 속에서
언 몸을 안고 내던져지는
생굴 향처럼 여리게
진주 빛깔 물컹한 새살로
투덕투덕 다시 돋아나고 있다

* 박신剝身 : 자신의 몸을 벗고 다시 태어난다는 의미로 굴 껍질 까는 작업을 이름.

방죽 둑 회상

가을이 연기처럼 빠져나간 뚝 방 언저리에서
바람의 퇴근을 챙기고 있다
옹알이처럼 무성했던 초록들은
그늘을 삼킨 나뭇가지처럼 초췌하고
까락처럼 가붓한 논배미들만 부스럭 거린다
방죽의 젖 줄기는 마른 지 오래고
화려했던 관개灌漑들이 흔적도 없이 숨어든 오후의 들녘
허리가 유난히도 가는 논배미 한 자락
가을을 감추고 열반涅槃에 드는데
마른 물고 한 줄기 툭 터 젖 물리는 시늉을 해보지만
이미 엽록소들은 태양의 유전자를 잃고
소 울음조차 기억 못 하는 두렁 사이로
가을이 반쪽이다
퇴근을 챙기는 바람의 틈을 찾아
깍지 동처럼 까칠한 태양이
나머지 햇살들을 머리맡으로 쓰윽 밀치며
노을을 덮고 눕는다
〈

한 주기의 퇴근이란
생태계의 새로운 잉태
그러나 이대로라면 긴 냉기들이
새 생명들을 오래 가둘 것이 분명하다
눈치 차린 늦가을 바람줄기들 몇
서둘러 느린 옷깃을 여민다
나도 어느 줄기 하나 따라 숨어야겠다
오늘 밤 별 묻은 달빛들을 모아
내년 봄 다시 부화될 울음들 사이로
다시 돌아앉을 논배미들의 포만을 위해
마른 젖을 한껏 부풀려 두어야겠다

도가니탕과 소주

시작이 느렸다면 진행은 빨리하자
웅성거림이 진해지거든 한 템포를 줄여라
순배가 넘었거든 이성을 헤아려야지
저녁 곰탕집 찌든 벽지에 메뉴처럼 붙여 둔
도가니탕 속 걸음걸이가 우리들의 템포이길 빌어본다

황소걸음의 정서가 사리처럼 배어 있는 도가니를 씹으며
장마 같은 소주의 질주가 낯익은 저녁 주가에서
도가니탕과 소주의 줄다리기가 시작되면
순식간에 다가올 새벽이 구면이다

내가 걸어오던 우보 같던 지난 시간들이
여기 모여 우글거리고 있다
잠시 소주잔의 속도를
어미 소걸음으로
잡아당겨야 되겠다
워~
워~~^!
이놈의 시간들아
소같이 걸어야지

조팝꽃 향기

핑크빛 향기가 길게 흩어진 개울가
하얗게 쳐놓은 그물 뒤에는
들 고양이의 은신처라는 문패를 붙일 수 없다

상처 난 수염처럼 짧아진
야성이 머물기엔
몇 프로 부족하다

몸속 열기들조차
파리해진 그림자 몇
머리를 조아리며
자전거 페달 사이로 몸을 얹는다

음습해오는 물비린내를 피하려
서둘러 돌아서려는 듯
노을 속 조팝꽃 향기는
탈수 중인 가루비누 향처럼
혓바늘 돋은 입으로
짧은 시간들을
하얗게 염색하고 있다

3부

세월

浦口로 간 기차

세월 가는 소리 덜컹 들린다
기차는 냇물처럼
계곡을 할퀴듯 기적 소리를 낸다
고장 난 메아리 속 안부를 기다리며
팻말 없는 세월 속으로 사라지고 나면
갈매기만 포구 밑으로
한 줌씩 부서져 내린다

귀밑머리가 파도처럼 부서지는
포구 같은 나이
배 떠난 고동소리 잠시 들러 쏟아지듯
침몰하는 파도 따라
포구 저 멀리
노을빛 녹아드는 황혼자락으로
개머루 먹듯 지는 해
서둘러 이 밤 밝힐
호롱 하나 내 건다
내닫는 세월처럼
바람 한 점 움켜쥐고
쉰 하고 세 살에

심심해

여름을 스치려다 가시에 걸려 머뭇거리는 풋밤 같은 가을
잿빛구름들이 몽정한 흰 뭉게구름들은
앞으로도 얼마나 더 많은 그림 같은 이야기들을
내게 털어놓을 것인지 알 수 없다
하늘도 물도 아닌 바람 사이에 낀
어수선한 주말 언저리에서
방향을 잃고 서 있는 초침 같은 하루
허기를 사냥 나온
하이에나 본능들만 골라 내려놓고는
비릿함도 잃은 무색의 향기들만 골라
헛 새김질만 하고 있다

아!
가을도 더러는
소금이 필요한가 보다

가방과 남자

그 옆에 나란히 있던
그림자의 종적은
흐릿함과 허전함 사이의
기다란 날숨
주인 잃은 가방의 절규가
출구를 노친 허풍처럼 고요하다

그날 밤 붉은 토마토의 웃음들은
식탁 위의 쿠데타
입 안 가득 비릿한 붉은 향이
퉤 퉤 거리는 밤
색채의 현란함에 취해
무색의 시간만 바라보는
가방 옆의 남자
방울토마토가 담긴
검은 봉지를 낚았나

고추잠자리

가을을 익히다가 지루해진 바람 한 줄기
벼 이삭처럼 느슨해진 오후를 내려놓기 좋은
설익은 들녘 모퉁이마다
고추잠자리
좁은 날갯짓으로
코스모스 흉내를 낸다
푸른 눈에 붉은 볼
분홍빛 가는 허리
벼 익는 바람소리에 발끈 놀라
선홍빛으로 익어가고 있다

가을빛 배불린 부푼 눈망울
들녘 주인의 밀짚모자 속
야윈 어깨를 지나
누런 바람 끝에 진종일 시끄럽던
황소말뚝 어슷하게 비켜 안고서
졸음처럼 파고드는
와인 빛깔 시름에
불 지핀 노을처럼

한 뼘씩
타오르고 있다

8월의 번식繁殖

그늘의 DNA로
소낙비라도 한소끔 내렸으면 좋을 만한 무더위가
거품처럼 부풀어 오르는 여름
사각에 태어난 들풀처럼
장마에 앞서 세상을 본다
생일이란 봄 꽃잎처럼
의식으로 시작되는 것이 분명하다
노을에 젖은 가을처럼 붉거나
흰 눈으로 얼룩진 겨울처럼 어수선하기도 한 법
나의 탄생이 부모님의 또 다른 탄생이듯
또 누군가의 탄생을 위해 달음질하는
딸아이의 잃어버렸던 생일을 기억하려 한다

8월의 후예가 5월로 치장한 첫딸 아이의
8월 혼사를 앞둔 채
장마처럼 후덥지근한 까닭은 무엇인가
5월의 신부를 가장한 여름 매미처럼
점액질로 울어대는 이유일까
8월은 그렇게 부풀어가는 혼담으로

술독 발효거품처럼 게걸스럽게
번식의 소문들을 부풀리고 있다

거울 속의 물고기

아침 일찍 일어난 사내 하나가 면도를 한다
비눗물 한 줌 턱에 바르고 거울을 보며
밤새 수초처럼 무성해진 상념들을 정리하다
문득 거울 속을 헤엄쳐가는 등 굽은 물고기를 본다
더는 물러설 곳이 없어 상류로 오르는 물고기 떼
돌에 찢긴 뜨거운 상처가 등지느러미에 붉게 엉겨 있다

물길이 곪기 시작하면서 물고기들은 제 몸을 버렸는지
더는 펴지지 않는 꼽추 등으로
거울 속에서 힘겹게 자맥질을 하고 있다
낡은 신문 활자처럼 무수히 강물을 빠져나가는 물의 뼈들
이제는 세상 낚시터의 인심도
수심 깊이 던져 주던 수면 안쪽의 주말도
더는 봄물의 반경으로 되돌릴 수 없을 것이고
야광찌처럼 빛나던 그리움의 원근법도
파르르 떨며 시선을 불러 모으던 월척의 추억들도
누군가 찢어버린 첫사랑처럼 가볍게 잊힐 것이다

만일, 누군가 주말의 약속을 물가로 궁리했다면
그는 알게 되리라
마음의 물속 오지만 떠돌다 힘없이 돌아와야 할 것을

면도를 마치고서 아침 뉴스를 켜자
4대 강 신음들이
흙탕물처럼 검붉게
거실로 쏟아지고 있다

가지치기

겨울
짙은 여름화장이 각질처럼 박리되면
마지막 소산마저 내려놓은
빈 나뭇가지가 옷을 벗는다
화려했던 초록의 거추장스런 장식들이
바람난 낙엽처럼 허공을 등지고 누워
툭!
아버지 가슴 무너지듯 가지 하나 떨어뜨리며
아픈 손짓을 한다
거느렸던 수많은 잎새와 결실들은
흑백사진을 인화 중이다

벗어 버림이란
환생의 또 다른 해탈 의식
세월이라는 번식의 산고를 넘어
꽃이 다시 피기까지는
잘린 배나무 가지처럼
아직 이른 초겨울
〈

그러나
봄은
가난한 나목 뒤에서
가지를 내려놓으며 겨울코트를 개고 있다
꿈들이 무성하게 잘려 나간 가지를 다시 채울
새봄의 잎새들처럼
빈방을 정리하고 있다

관솔 목부작 木附作

그렇게 밟힌 허전한 고통의 주름
너덜한 생명의 구멍 난 시간들을 덮어쓰고도
쩍 하니 입을 벌려 웃고 있는 허세
시집살이처럼 모진 비바람의 여름 오후에 잘려 나간 긴 팔
싹둑 잘린 더벅머리 같던 거적들
낙엽처럼 부스럭거리던 가을날들도
휑하니 가슴을 비운 채 누워
진척 없는 시간들만 거스르고 있다

구겨진 흑백사진처럼 달라붙은 각질들 사이로
겨우 걸터앉은 풍란 몇 촉은
이력 없는 손녀딸처럼
혜식은 고목의 수염을 뜯고 있다
시간이 가면 다시 올 거란 것을 아는 영악함이
거꾸로 가는 시계바늘처럼
초췌한 습기들을 모아 목을 축이며
봄을 빗는 목 부작에
물 분무기를 채근하여 보지만

어제보다 아득하여 내일과 남이 된
잃어버린 시간들만이
고목과 풍란 사이를
중매 질 하고 있다

장승포 갈매기

원한의 섬 거제를 돌아드는 바람의 끝자락
머리에 이고 서성이듯
구조라 항 뱃머리에
만선 깃발 나풀거리며
장승포 비릿함을 배 한가득 얹어 보낸 지심도를 지나
발끝이 달아 피멍이 다 들도록
해금강을 비틀어 빠져나온
남국의 바람편지 입에 물고
연일 읽어 대고 있다

외도로 보낸 연락선은 노인이 됐다며
부리 쫑긋 전하고는
쥐었던 동백섬을 놓아 버려
온통 붉게 멍이 들었다
장승포 갈매기야!
바람으로 움켜쥔 파도 머리 위에
내 맘 실은 돛배 한 척 얹어다오!
봄소식일랑 고이 접어
동백꽃으로 피운다 하렴

이 봄의 사진쟁이
장승포 갈매기야!
내 마음 아는
분홍 섬 지심도야!

* 知心島 : 동백섬

겨울 밤

척 걸쳐놓은 겨울
어슷 바람 지날 때
벗겨지나 잘리나 따갑긴 매한가지
잘려 나간 상처 위로 진눈깨비 덕지덕지
새들은 초저녁잠에 들었다
얼어 죽은 수수깡 그림자들 긴 목만 끼룩끼룩
아이가 언 코 풀며 오줌 눈 자리 저벅거리면
허연 구름들 그제야 노을을 볶는다

오후에 나온 행상 서둘러 좌판 접고 입술만 씰룩이며
제 온길 찾아 들듯 사그러드는 땅거미 뒤로
어깨를 추적거리며 진저리치듯 사라지는 저녁 해를
남의 집 소 보듯 내 쫓고는
계면쩍은 듯 생담배로 주둥이만 긁적거리는 사이
흘레붙던 백구 먼 산보고 내빼듯
산 그림자 도망친 자리를 비워두고
긴 생각들은
수없이 잘려 나간 가을 검불들만 빼곡한 논바닥을 지나

푸석한 군불 속으로 발을 디민다
쓰다만 편지 같은
이른 겨울밤 속으로,

가을 하늘

한입 베어 무니
사과 향 같은 파란 하늘이
우수수 쏟아져 내린다

와인 빛 바람이
흰머리 옆 귓전을 스치듯 지나가면
푸른빛 섞인 하얀 생각들이
국화 향처럼 흩어지는 가을 하늘 아래로
바람의 머리채를
동여매고 있다

4월

봄의 앞잡이
노란 소문들로
소란중인 땅의 옷들이
푸르름으로 치장하고 있는데도
온통 뜬소문으로 뒤덮인 채
긴 고집 중이다

5월이 온다고
가위눌린 지난밤
4월의 몽상들을 말리고 있다
젖은 옷을 입은 소나무의 입술이
노란 변명들을
분주하게 털어내고

4월이 가기 전에
더 많은 뜬소문을 퍼트려야 한다고
산등성이 목이 긴 소나무들을
신작로 먼지처럼
후후 불어대고 있다

노래하는 주전자

내 어릴 적 7월의 갈증은
입이 뾰족했던 노란 주전자에서 새어 나오던
당원 녹인 미지근한 물로 잠잠해졌다
시원함은 단맛에 묻혀 버린 채 지긋이 기울어진 주전자 주둥이는 미지근한 노래를 했다
밭이랑 사이를 마름질하던 호미들의 갈증과 잡초에 빼앗긴 습기들의 목마른 노래만 귀를 적시던 팔월의 신음들도 이젠 나지막이 젖어 드는데 유곽의 거나한 노랫소리는 높이 나르고 내 마음의 세레나데만 당원 녹인 물처럼 더디 흐른다
허리쯤 당분이 다다르면 집 나온 며느리처럼 부지깽이 장단에도 꺼이꺼이 노래를 한다
어정칠월 저문 해를 끼어 안고 작열하는 작부의 입술을 베어 문 채
입이 돌아간 주전자 꼭지를 통해 꺼억꺼억 노래를 한다
오후의 갈증은 중년이 기운 탁배기 벗 같아서 텁텁해야 제격인데
마주한 주전자 꼭지에선 시큼하게 발효된 노래가 세월처럼 흐르는 칠월

오후의 갈증은 이제부터 시작이다
　7월에 어머니가 손수 담근 중년의 술 항아리가 서서히 익어가는 폭염의 무더위 속
　빈 주전자를 앞에 놓고 느린 노래를 한다

기다림

지나간 날을 그리워합니다
꽃이 얇아지면 낙엽을 기다리듯
바람소리마저 그댈 기다립니다
눈 속 이야기를 기다리듯
하얀 그대 음성을 기다립니다
어느 밤부터인가
함께 세다만 나머지 별들이 하나둘씩 죽어갑니다
하얀 밤들이 좁아집니다
새벽하늘
보일 듯 말 듯 한 그대의 전율로
하루를 데울 뜨거운 입김
질풍 같은 검은 그리움을 덮고
구겨진 종이처럼 납작하게 쪼그려 앉아
가늠 없는 긴 초점만 잡아당깁니다
그리워할수록
가슴이 조금씩 얇아짐을
그대
그대
아시려나!

■□ 에필로그

"바람", "시간" 그리고 "세월"에 올리는 조사(弔詞)

유정이(시인, 문학박사)

1. 프롤로그

  정해진 처소도 없으며 계량되지도 않는, 형태는 없으나 반드시 존재한다는 점에서 "바람" "시간" 그리고 "세월"은 동일한 정체성을 확보한다. 정확한 분석의 과정을 거친 것은 아니지만 시인들은 예외 없이 이들 관념어를 상용한다. 상징의 범위가 포괄적이며 구체적이어서 적실한 활용이 가능하다.

  권혁찬 시집 『바람의 길』을 관통하는 키워드는 "바람"

과 "시간" 그리고 "세월"이다. 이는 3부로 구성된 소제목이 "1부: 바람 2부: 시간 3부: 세월"인 것과 "시간을 먹고 숙성된 세월의 잔영 같은 긴 생각들! 바람의 길 위에 새 발자국처럼 얽어 둔다"라는 「시인의 말」을 통해서도 쉽게 짐작할 수 있다.

    공기가 바람이 되고
    바람이 시간이 되고
    시간이 세월이 되고
    세월은 인생을 유인하고

    공기 한 줌
    바람 한 폭
    세월 한 조각
    호흡으로 분장한
    얄팍한 상술 같은 시간
    구걸이 능사인지
    사냥이 해법인지
    계산하는 동안
    허름하게 비워진 만큼

시간만 약탈당했다

— 「시간사냥」 부분

"바람"은 다른 물상의 움직임을 통해 존재를 인지시키는 공기의 움직임이며 "시간" 또한 다른 사물에 덧입혀지는 변화를 통해서 존재증명을 하는 대상이다. "세월"이 자연의 변화와 시간의 변화 그 총합을 일컫는 흐름이라는 점에서 모두 동일한 속성을 갖는다. 그 동일성을 "바람이 시간이 되고/시간이 세월이 되"는 대상의 전화(轉化)를 직설적으로 진술하고 있으므로 위의 인용 시 「시간사냥」은 시집 전체의 프롤로그이면서 에필로그에 해당한다.

이들의 보여주는 무상한 흐름과 변화는 "허름하게 비워"지고 결국 "약탈당"하는 정조에 닿는다. 시집 전체는 "인생"이 결국 "빈"곳을 따라 유랑하는 "바람의 길"이며 "약탈당"하는 "시간" 여행이라는 쓸쓸함의 정서를 바탕으로 하고 있다.

바람의 씨앗

그대 품

빈 곳에 심어주오

행여 꽃잎 하나 피거들랑

좁은 자리 내게 주오

어설픈 미소로

어느 가을 빈자리를 채우다가

작은 바람소리에 떠밀려

깡마른 수수깡처럼 부스러질

건초 같은 인생길

바람의 길

- 「바람의 길」 전문

위 시에 따르면 "바람"으로 화(化)한 화자가 지향하는 곳은 "그대"이다. 비록 "작은 바람소리에 떠밀려/깡마른 수수깡처럼 부스러질"지언정 "좁은 자리"나마 "그대 품/빈 곳" 어딘가에 라도 자리하고 싶다는 소망을 드러낸다. "어설프"기는 해도 "미소"를 지을 수 있다는 "작은" 희망은 가능하다. "어느 가을의 빈자리를 채"울 수 있는 한때가 있다면 이로써 만족할 수도 있겠다. 그러나 "바람"의 정체성이 그렇듯 그가 향하는 "길"은 결국 "건초 같은 인생길", "한 알씩 빠져나가듯 잃어버린 시간"(「옥수수」)들과 함께할 뿐이다. 쓸쓸한 자아가 만들어내는 "서로 다른 주름들(「손금」)이 두드러진다.

2. 수묵화에 담기는 "아버지"와 "어머니": 추억하는 자아

시집 『바람의 길』을 그림으로 비유하자면 '수묵담채화'에 가깝다. 앞서 언급된 관념적 시어들, "바람, 시간, 세월"이 보유한 상징성 혹은 그 전반적인 정서의 밑그림이 이를 강화한다. 각 편에는 시선을 사로잡는 역동적인 서사가 없으며 다양한 색채가 덧칠되지도 않았다. 이는 앞서 지목한 주요 키워드의 방향성에 내정된 것이기도 하다.

세월을 그리는 수묵담채화에 가장 빈번한 소재로 등장하는 것은 "아버지"와 "어머니"이다.

> 하늘 한 곳 녹아내릴 때마다
> 뜨겁게 저어드는 앙가슴
> 하얀 몸 힘없이 졸아들어
> 깡마른 심지의 재 줄기만 남기고
> 그림자 아래로 허물린

하늘과 가장 낮게 접신된

무념의 수증기로

다시 어머니의 밤을 태우고 있다

— 「촛불」 부분

　자신의 몸을 녹이면서 불을 밝히는 "촛불"은 혜량할 수 없는 "어머니"의 사랑을 비유하기에 부족함이 없다. 아무리 자식을 향한 것이라고 하더라도 "하늘 한 곳 녹아내리"는 것 같은 통증을 감내하기란 쉬운 일은 아니다. 인간은 누구나 자신의 몸을 태워 자식의 앞날을 밝히는 어미의 운명성에 갚을 길 없는 은혜를 입는다. 우리에게는 오래고 오랜 '부모'라는 텍스트가 있다. 세상의 모든 "아버지"와 "어머니"는 단 한 권도 같은 내용이 없는, 각자의 이본으로 펼쳐진다.

　지상의 단독자인 "나"만큼이나 "아버지"와 "어머니"는 유일하다. "나"가 세상에 하나밖에 없는 독보적인 존재인 만큼 "나"를 있게 만든 그분들 역시 마찬가지이다. 부모들이 자식들에게 보여주는 매우 독특하고 유일한 행동특성과 심리, 안정감 그리고 익애 등은 내용과 형태는 다르지만 줄곧 같은 부피와 함량으로 이양되어 왔다.

아주 오래고 깊은 이 인류의 본능은 인간을 지구에 존속시키는 강력한 힘으로 작용했다고 한다. 그러나 익히 알고 있거나 변함없음이 주는 느낌이 그러하듯 아무리 내게 특별하고 유일한 것이라 해도 "아버지"와 "어머니"는 진부할 수 있다.

> 소 쟁기 모는 소리가 옹골차게 들릴 때
> 아버지의 눈을 피해 세상으로 탈출했다
> 탈출을 방조했던 아버지의 시야에서
> 영원히 벗어난 지금에서야
> 세상의 외출이 완성된 것을
> 아버지가 비켜 계시던 안개장막을 헤치다
> 소스라쳐 한 걸음 물러선다.
> 방죽 안개가 자욱한 새벽길 옆으로
>
> 　　　　　　　　　　　　－「새벽 외출」부분

> 어느 봄날
> 이순 자식의 허기진 일기장보다
> 더 비릿한 시간들을 수선하여
> 숙성된 바람들로 날게 하는

아버지의 호흡은

나의 초록빛 흡연이다

- 「호흡」부분

    성장을 꿈꾸는 자녀들은 "아버지"로부터의 "탈출"을 기도한다. 그 범주에서 벗어나지 않는 한 "세상의 외출은 완성"되지 않는다. 정본을 거부하는 수많은 시도와 탈주의 노력, 그리고 그 결과는 수시로 적층된다.

    "이순"의 나이에 느끼는 "아버지의 호흡은" "비릿한 시간들을 수선하여/숙성된 바람들로 날게 한"다. "나"가 살아 "호흡"하는 마디마디에는 "아버지"의 "호흡"이 있다. 생명으로 연결되어 있는 "아버지"와의 오래고 낡은 끈을 기억하는 화자의 모습이 오버랩되고 있다.

    그러나 낡고 오래된 명제로 채워진 진부한 텍스트는 매우 특별한 희귀본, 귀중본으로서의 가치가 있으며 어떤 것과도 비교가 불가한 유일본이다. "탈출"과 '탈주' 혹은 '거부와 반항'이라는 그 모든 행위를 통해 "아버지"를 떠났던 모두는 다시 돌아오게 마련이다. "아버지가 비켜 계시던 안개장막을 헤치"는 순간 "소스라쳐 한 걸음 물러서"기도 한다. "아버지"는 "아버지"의 이름으로 현존한다. 시간이 지나도 바래지 않는 스테디셀러인 이유이다.

3. 봄, 여름, 가을, 겨울 그리고 가을 : 성찰하는 자아

시집 『바람의 길』에 빈번하게 등장하는 소재 가운데 하나는 "가을"이다. 이는 그가 보여주는 세계관과 적절하게 조화한다. "시간"이나 "바람" 그리고 "세월"을 기저로 하는 수묵 담채화 속, "어머니"와 "아버지"가 "추억하는 자아"의 모습이었다면 "가을"을 오브제로 하는 시편들의 묶음은 "성찰하는 자아"의 모습이다.

    그렇구나!
    열기가 내려앉고 코스모스 줄기 위로 노을빛만 가득한 서쪽하늘을 마주하고 나서야
    태양이 하던 말의 의미를 알아챘다
    가을이 오고 있단 속삭임이었다는 것을 그가 내려앉고 난 후에야 알 수 있는 난
    하늘 높이 눈길을 치켜 올려 가을이라고 커다랗게 그려 본다

발아래부터 물들기 시작하는 내게도 가을 냄새가 배
어 가고 있다
어깨를 움츠려 짧은 진저리를 치며 차창을 여민다
- 「새털구름 위로 오는 가을」 부분

화자는 "열기가 내려앉고 코스모스 줄기 위로 노을빛
만 가득한 서쪽하늘을 마주하고 나서야" "태양이 하던 말
의 의미"를 "알아채"었다고 한다. 정확한 의미가 적시되지
는 않았지만 "발아래부터 물들기 시작하는" "나"의 "가을"
에 마주한 상념임을 미루어 짐작할 수 있다. '하루의 저녁'
'인생의 노년'에 해당되는 "가을"에 오면 만상의 변화와
그 결실을 셈하게 된다. 자신이 경영한 생의 깊이를 점검하
는, 성찰의 눈을 갖는 것은 자연스럽다.

밤을 새워 불을 밝힌 것이
겨우 잠을 청하기 위함이었던가
심지 없는 등불처럼
바람 속을 기웃거리다
나비처럼 날아드는 허상들을 따라
눈을 흘긴 적 몇 해던가

비상을 노리던 날개들은

이슬에 젖어 몸조차 가누지 못하는

주인을 쓸어안고 일어서네

마른자릴 골라 디디다

짚신발로 돌부리를 걷어찬 듯

소스라쳐 움츠린다

어제까지 논이었던

싸늘한 콘크리트 위에서

―「가을 아침에」 부분

  가을은 봄부터 경영한 '농업'을 점검하고 성찰하는 계절이다. 작황의 결과를 앞에 두고 반성을 하거나 평가를 한다. 수고를 면한 노년에 이르면 성장을 거치고 열매를 맺던 시절을 회고한다. "밤을 새워 불을 밝"히던 노력들, "바람 속을 기웃거리다/나비처럼 날아드는 허상들을 따라 눈을 흘기"던 시간들에 대한 잔잔한 회환이 인다. 지금은 이미 "씨늘한 콘크리트"로 변해버린 "어제까지 논", "짚신발로 돌부리를 걷어"찼을 때의 "소스라"치는 행위 등등의 저변에는 성찰하는 자아의 시선이 돌올하다.

4. "하얀"색에 바치는 고백

여러 가지 색 가운데 흰색은 '순수함'과 '무구함'의 이미지는 준다. 시인은 드물게 꽃을 소재로 한 몇 편의 시를 보여주는데 꽃의 요목이 "매화" 외에 "배꽃"이나 "벚꽃" 그리고 "조팝꽃"이나 "아카시아 꽃" 등 대부분 흰색이거나 흰색과 유사한 꽃이라는 점이 특이하다. 의도했든 그렇지 않았든 이는 시인이 보여주는 수묵 담채의 성격을 더욱 강화하고 있다.

> 하얀 속살보다
> 속마음이 더 흰 매화를 보며
> 한 발짝 뒷걸음질을 친다
> 겹겹의 꽃잎들이 뒤엉기듯 요란하다
> 소리 없이 졸라 대는 맵시를
> 까까이서 보자니 애틋하여
> 손끝이 닿을세라 주춤 거린다
> 나 저리 흰 마음 있었다
> 물들지 못한 청초함이
> 가슴 깊이 묻혀 있던

> 인생의 봄날 있었다
>
> 지금
>
> 눈이 시리도록 하얀 매화 앞에서
>
> 적당히 그을린 초여름 얼굴빛보다
>
> 조금만 더 솔직해져
>
> 늘 봄처럼 따사한 세월을 놓고 싶지 않았던
>
> 떳떳한 고백을 네게 한다
>
> — 「매화 앞에 고백한다」

  위의 인용 시 「매화 앞에 고백한다」는 유일한 서술형의 제목이어서 이채롭다. 「바람의 길」로 시작하여 「워낭소리」, 「수고양이」, 「저장고」 등등 모든 시들이 예외 없이 짧은 명사형의 제목을 하고 있거나 역시 길지 않은 명사구의 형태를 하고 있는 반면 인용 시만이 유일하게 서술형으로 되어 있다. 이는 "고백" 나아가 "매화 앞에 고백"을 하는 주체의 '행위'를 더욱 두드러지게 한다.

  화자는 "하얀 속살보다/속마음이 더 흰 매화" 앞에서 고백을 한다. 천주교의 의식처럼 성직자가 아닌, 응대 가능한 지인도 아닌 사물에게 하는 고백이다. 말을 듣지도 전하지도 못하는 '사물에 대고 하는 고백'이라는 설정이 주목을 끈다.

"하얀 속살보다/속마음이 더 흰 매화를 보며"하는 "고백"의 기저는 자신에게도 있었던 "흰 마음"과 "청초함"에 대한 그리움이다. 더불어 "가슴 깊이 묻혀 있던/인생의 봄날"에 대한 회한, 지금은 회복하기 어려운 지점에 와 있다는 통한을 동반하기도 한다.

>노을 속 조팝꽃 향기는
>탈수 중인 가루비누 향처럼
>헛바늘 돋은 입으로
>짧은 시간들을
>하얗게 염색하고 있다
>
>　　　　　　　　-「조팝꽃 향기」 부분

>수채화가 농락당하듯
>여지없이 하얀 무언의 검은 도로가
>꽃바람에 납치된 채
>허리를 비틀며 끌려가듯 굽신거린다
>일찍이 내려놓지 못한 아집 같은 짙은 야심이
>마음의 상처가 된 듯

부르르 경련하며

원 없이 사정해버린

하얀 생기들의 호흡을

애써 조절하고 있는 아침 길가에

하얗게 질려 나자빠진

지난 시간들을

호호 불고 있다

- 「벚꽃」 부분

"짧은 시간들을/하얗게 염색하고 있는" "조팝꽃" 그리고 "검은 도로"를 "하얗게" 덮어버리는 "벚꽃"의 정체는 순수와 무구의 상태 혹은 그 회귀의 염원을 상징한다. 흰색을 가용하는 심리의 저변에는 잘못을 덮고 새롭게 시작할 수 있는 '무'에 대한 기원이 자리하고 있다.

권혁찬 시인이 그리는 수묵담채의 그림 속에는 오래전 과거의, 익숙한 풍경들이 펼쳐진다. "바람", "시간" 그리고 "세월"을 중신 소재로 흐름과 변화에 대한 시선을 노회하게 풀어내면서 "아버지"와 "어머니"가 있는 농촌 풍경들, 학창시절 이야기, 도회지를 넘나드는 흐린 서사들을 구조적으로 배치하는 힘이 있다. 친숙한 소재를 만지는, 시인의 필력이 살아나는 지점이다.

5. 에필로그

동양문화권에서 흰색은 죽음과 연결된 상징을 갖고 있어 종종 장례와 같은 애도의식에 사용된다. 장례의식에 바치는 흰 꽃은 생전의 모든 신산함들을 무화하는 의미도 내포하면서, 지나온 길을 버리고 새로운 길을 가라는 기원을 담기도 한다. 시인이 예치한 하얀 색의 꽃들, "배꽃" "벚꽃" 그리고 "조팝꽃"이나 "아카시아 꽃", 나아가 속 깊은 "고백"을 바치던 "매화"꽃은 의미 깊은 서사에 바치는 조화(弔花)로서 무장한 빛을 발한다.

시집 『바람의 길』은 "바람", "시간", "세월"의 길목에 올리는 진정어린 조사(弔詞)의 집이다.